Paramahansa Yogananda
(1893–1952)

PARAMAHANSA YOGANANDA

HVORDAN DU KAN SNAKKE
MED
GUD

OM DENNE BOKEN: *Hvordan du kan snakke med Gud* er satt sammen av to foredrag som ble holdt av Paramahansa Yogananda i 1944 i Self-Realization Fellowships templer han grunnla i San Diego og Hollywood, hvor han pleide å tale vekselvis hver søndag. Han pleide ofte å tale om et bestemt emne i ett tempel, og så ta for seg forskjellige aspekter av det samme emnet søndagen etter. Talene hans opp gjennom årene ble skrevet ned i stenografi av en av hans tidligste og nærmeste disipler, Sri Daya Mata (President og åndelig overhode for Self-Realization Fellowship fra 1955 til hennes bortgang i 2010.) *Hvordan du kan snakke med Gud* ble trykket første gang i 1957, og den har siden blitt oversatt til en rekke andre språk.

Originalens engelske tittel, utgitt av
Self-Realization Fellowship, Los Angeles (California):
How You Can Talk With God

ISBN-13: 978-0-87612-160-3
ISBN-10: 0-87612-160-1

Norsk oversettelse ved Self-Realization Fellowship
Copyright © 2016 Self-Realization Fellowship

Alle rettigheter tilhører utgiveren. Unntatt korte sitater i bokanmeldelser, må ingen deler av *Hvordan du kan snakke med Gud* (*How You Can Talk With God*) bli gjengitt, lagret eller formidlet, eller på noen måte (elektronisk, mekanisk eller annet), kjent eller i ettertid utviklet – inkludert fotokopiering, opptak eller ethvert annet system for lagring og gjenvinning av informasjon – uten skriftlig tillatelse fra Self-Realization Fellowship, 3880 San Rafael Avenue, Los Angeles, California 90065-3219, U.S.A.

Autorisert av det Internasjonale Publikasjonsrådet i
Self-Realization Fellowship

Self-Realization Fellowships navn og emblem, som vist ovenfor, gjengis i alle SRF bøker, fonogram og andre publikasjoner, og skal forsikre leserne om at det foreliggende arbeid er godkjent av organisasjonen opprettet av Paramahansa Yogananda og at det korrekt formidler hans lære.

Første utgave på norsk fra Self-Realization Fellowship, 2016
First edition in Norwegian from Self-Realization Fellowship, 2016

Denne utgave trykket i 2016
This printing 2016

ISBN-13: 978-0-87612-679-0
ISBN-10: 0-87612-679-4

1448-J3827

Guds herlighet er stor. Han er virkelig, og Han kan bli funnet ... Stille og ufravikelig må du, mens du vandrer på livets vei, nå fram til erkjennelsen om at Gud er den eneste oppnåelse, det eneste mål som vil tilfredsstille deg. For i Gud ligger svaret på alle ditt hjertes ønsker.

–Paramahansa Yogananda

HVORDAN DU KAN SNAKKE MED GUD

Utdrag fra to foredrag av Paramahansa Yogananda, 19. og 26. mars 1944

Å kunne snakke med Gud er en reell sannhet. I India har jeg vært til stede mens helgener har snakket med den Himmelske Far, og dere kan alle kommunisere med Ham. Ikke bare en ensrettet konversasjon, men en virkelig samtale der du snakker til Gud og Han svarer. Selvsagt kan alle snakke *til* Herren, men jeg vil diskutere i dag hvordan vi kan overtale Ham til å svare oss.

Hvorfor skulle vi tvile? Verdens hellige skrifter inneholder mange beskrivelser av samtaler mellom Gud og menneske. En av de vakreste hendelsene er nedskrevet i 1. Kongebok 3:5-13 i Bibelen: "Herren viste seg for Salomo i en drøm om natten. Han sa: 'Be om det du vil at jeg skal gi deg!' Og Salomo svarte… 'Gi derfor din tjener et forståelsesfullt hjerte'… Og Gud sa til ham: 'Siden du ba om dette og ikke om et langt liv eller rikdom eller at dine fiender skulle dø, men ba om forstand til å skjønne hva som er rett, så vil jeg gjøre det du har bedt om. Men jeg vil også gi deg det du ikke ba om, både rikdom og ære."

Også David samtalte mange ganger med Herren, og diskuterte til og med hverdagslige ting med Ham. "Og David spurte Gud og sa: 'Skal jeg dra ut mot filisterne? Og vil du utlevere dem til meg?' Og Herren svarte: 'Dra bare ut, jeg vil gi dem over i din hånd.'"[1]

---

[1] 1. Krønikebok 14:10

Gud lar seg bevege av kjærlighet alene

Gjennomsnittsmennesket ber bare til Gud med sitt sinn, ikke av hele sitt hjertes glød.

Slike bønner er for svake til å bringe noe svar. Vi skulle snakke med den Guddommelige Ånd med tillit, og med en følelse av nærhet, som til en far eller en mor. Vårt forhold til Gud bør være preget av betingelsesløs kjærlighet. Mer enn i noe annet forhold kan vi med rette kreve et svar fra Ånden i Dens aspekt som Guddommelig Mor. Gud er forpliktet til å svare på en slik appell, fordi essensen hos en mor er kjærlighet og tilgivelse overfor sitt barn, uansett hvor mange ganger det måtte ha feilet. Forholdet mellom mor og barn er den vakreste form for menneskelige kjærlighet Gud har gitt oss.

En klar forestilling om Gud (slik som den Gudommelige Mor) er nødvendig, ellers vil vi ikke motta et klart svar. Og kravet om et svar fra Gud må være sterkt. En bønn vi halvveis tror på er ikke tilstrekkelig. Hvis du bestemmer deg for at: "Han *kommer til* å svare meg", hvis du nekter å tro noe annet, uansett hvor mange år Han ikke har svart deg – hvis du fortsetter å stole på Ham, vil Han en dag svare.

Jeg har skrevet i *En Yogis Selvbiografi* om noen av de mange anledningene jeg har snakket med Gud. Min første erfaring av å høre den Gudommelige Stemme, kom mens jeg var et lite barn. En morgen jeg satt på sengen min, falt jeg i dype drømmerier. "Hva skjuler seg bak lukkede øynes mørke?" Dette spørsmålet vokste seg stadig sterkere i mitt sinn. Et umåtelig lysglimt viste seg øyeblikkelig for mitt indre syn. Gudommelige skikkelser av helgener som satt i meditasjon i fjellhuler, formet seg som en miniatyrfilm på den strålefylte skjermen innenfor pannen min. "Hvem er dere?" spurte jeg høyt. "Vi er yogiene i Himalaya." Det himmelske svaret er vanskelig å beskrive – jeg var som fortryllet. Visjonen forsvant, men de sølvaktige strålene utvidet seg i stadig større sirkler til uendeligheten. Jeg sa: "Hva er denne underfulle gløden?" "Jeg er Ishwara (Herren). Jeg er Lys." Stemmen var som mumlende skyer.

Min mor og min eldste søster Roma var i nærheten da jeg hadde denne tidlige erfaringen, og de hadde også hørt den Gudommelige Stemmen. Jeg fikk en slik glede fra Guds svar at jeg bestemte meg der og da for å søke Ham inntil jeg ble fullstendig ett med Ham.

Folk flest tror at det bare er mørke bak

lukkede øyne. Men, etter hvert som du utvikles åndelig og konsentrerer deg om det "ene" øye i pannen, vil du finne at ditt indre syn blir åpnet. Du vil se en annen verden, en med mye lys og skjønnhet. Visjoner av helgener, slik jeg så yogier i Himalaya, vil komme til syne for deg. Hvis konsentrasjonen din går enda dypere, vil du høre Guds Stemme.

Igjen og igjen har skriftene fortalt oss om Herrens løfte om at Han vil kommunisere med oss. "Dere skal søke Meg, og finne Meg når dere søker Meg av hele deres hjerte." (Jer. 29:13.) "Herren er med deg, når du er med Ham. Og hvis du søker Ham, vil Han bli funnet av deg. Men hvis du forlater Ham, vil Han forlate deg." (2. Krøn.15:2). "Se, jeg står for døren og banker. Hvis noen hører Min stemme og åpner, vil Jeg komme inn til ham og holde nattverd med ham, og ham med Meg." (Åp. 3:20).

Hvis du bare én gang kan "bryte brød" med Herren, bryte Hans stillhet, vil Han ofte snakke med deg. Men i begynnelsen er det svært vanskelig. Det er ikke lett å bli kjent med Gud, fordi Han vil være sikker på at du virkelig ønsker å kjenne Ham. Han gir prøvelser for å se om Hans tilhengere ønsker Ham eller noe annet. Han vil ikke snakke med deg før du har overbevist Ham om at ikke noe annet ønske skjuler seg i ditt hjerte. Hvorfor skulle Han åpenbare Seg for deg, hvis ditt hjerte bare er fullt av lengsler etter Hans gaver?

Kjærlighet er vår eneste gave til Gud

Hele skapelsen ble satt i verk som en test for mennesket. Ved vår livsførsel i denne verden, avslører vi om vi søker Herren eller Hans gaver. Gud vil ikke fortelle deg at du skulle ønske Ham over alt annet, fordi Han vil at vår kjærlighet skal bli gitt frivillig, uten Hans oppfordringer. Det er hele hemmeligheten i dette universets spill. Han som skapte oss, lengter etter vår kjærlighet. Han vil at vi skal gi den spontant, uten at Han spør om den. Vår kjærlighet er det eneste Gud ikke eier, hvis ikke vi velger å gi Ham den. Så du skjønner, til og med Herren har noe å oppnå: vår kjærlighet. Og vi vil aldri bli lykkelige før vi gir Ham den. Så lenge vi er lik forvillede barn som krabber rundt på denne jordkloden og skriker etter Hans gaver mens vi overser Ham, Giveren, vil vi falle i mange bedrøvelige snublehull.

Siden Gud er selve Essensen av vårt vesen, kan vi ikke virkelig uttrykke oss selv før vi lærer å manifestere Hans nærvær i oss. Dette er sannheten. Det er fordi vi er Gudommelige, en del av Ham, at vi er ute av stand til å finne varig tilfredshet i noe materielt. "Intet kan gi deg ly, som ikke huser Meg."[2] Før du oppnår tilfredshet i Gud, vil du ikke bli tilfreds med noe annet.

Er Gud personlig eller upersonlig?

Er Gud personlig eller upersonlig? En liten diskusjon på dette punktet vil hjelpe deg i dine forsøk på å kommunisere med Ham. Mange mennesker liker ikke å tenke på Herren som personlig, de føler at et menneskeliknende konsept er begrensende. De anser Ham for å være

---

[2] "The Hound of Heaven", av Francis Thomson

Upersonlig Ånd, Allmektig, Den Intelligente Kraften som er ansvarlig for universet.

Men hvis vår Skaper er upersonlig, hvordan har det seg at Han har skapt mennesker? Vi er personlige, vi har individualitet. Vi tenker, vi føler, vi vil, og Gud har ikke bare gitt oss evnen til å anerkjenne andres tanker og følelser, men til å besvare dem. Herren er visselig ikke uten den gjensidighet som han har gitt Sine skapninger. Vår Himmelske Far kan og vil opprette et personlig forhold til hver og en av oss.

Betrakter vi Guds upersonlige aspekt, får vi inntrykk av et Fjernt Vesen, En som kun mottar våre tanker og bønner uten å besvare dem. En som vet alt, men som opprettholder en hjerteløs stillhet. Men dette er en filosofisk feil, fordi Gud er alt – personlig så vel som upersonlig. Han skapte personer, mennesker. Deres Skaper kunne ikke være fullstendig upersonlig.

Det tilfredsstiller et dypt behov i våre hjerter å tenke at Gud kan anta en menneskelig form og komme og snakke med oss. Hvorfor gjør han ikke det for alle? Mange helgener har hørt Guds stemme. Hvorfor kan ikke du? "Du, O Herre, er usynlig, upersonlig, ukjent og ukjennelig. Likevel tror jeg at ved min hengivenhets frost, kan Du bli "frosset" til en form." Gud kan bli overtalt til å anta en personlig skikkelse gjennom vår intense hengivenhet. Du kan, liksom Frans av Assisi og andre store helgener, se det levende legemet til Kristus hvis du ber dypt nok. Jesus var en personlig manifestasjon av Gud. Den som kjenner Brahma (Gud) er Brahma selv. Sa ikke Jesus: "Jeg og min Far er ett"?[3] Swami Shankara erklærte

[3] Joh. 10:30

også: "Jeg er Ånd" og "Du er Det." Vi har ordene fra mange store profeter om at alle mennesker er skapt i Guddommens bilde.

Jeg mottar mye av min kunnskap fra Gud, ikke fra bøker. Jeg leser sjelden. Jeg forteller dere hva jeg har sett direkte. Derfor snakker jeg med autoritet – autoriteten fra min direkte erkjennelse av Gud. Selv om hele verden mente noe annet, vil denne autoriteten gjennom direkte erkjennelse alltid til slutt bli akseptert.

Meningen med "Guds Bilde"

I Bibelen leser vi: "Og Gud skapte mennesket i sitt bilde."[4] Ingen har ennå fullt ut forklart på hvilke måter mennesket er Guds

---

[4] 1. Mosebok 9:6

bilde. Gud er Ånd, og mennesket er også i sin essensielle natur Ånd. Dette er den primære betydningen av bibelteksten, men det er også mange andre sanne fortolkninger.

Hele menneskekroppen med sin bevissthet og sitt liv er et mikrokosmisk uttrykk for Gud. I bevissthet eksisterer allvitenhet og allestedsnærvær. Du kan på et øyeblikk forestille deg at du er på Polarstjernen eller på Mars. For tanken er det ikke noen avstand mellom deg og noe annet. I kraft av bevisstheten i mennesket, kan det derfor sies å være skapt i Guds bilde.

Bevissthet er oppmerksom på seg selv, den føler intuitivt seg selv. Gud er gjennom sin kosmiske bevissthet klar over Seg Selv i hvert atom i skapelsen. "Blir ikke to spurver solgt for en fjerding? Og ikke en av dem faller til jorden uten (at) min Far (vet det)."[5]

Skjønt få utvikler den, har mennesket også den iboende kraften av kosmisk bevissthet. Det har også en vilje og kan med den, lik sin Skaper, skape verdener øyeblikkelig. Men det er kun få som utvikler denne kraften som bor i dem. Dyrene kan ikke resonnere, men mennesket kan. Alle egenskaper som Gud har: bevissthet, fornuft, vilje, følelse og kjærlighet, har mennesket også. Med disse kvalitetene kan også mennesket sies å være skapt i Guds bilde.

Det fysiske legemet er ikke stoff, men energi.

Den energien vi føler i legemet, indikerer

[5] Matt. 10:29

eksistensen av en større kraft enn den som skal til for å operere det individuelle fysiske maskineriet. Kraften av den kosmiske energien som opprettholder universet, vibrerer i våre legemer også. Kosmisk energi er ett aspekt av Gud. Selv fra det fysiske standpunktet er vi også skapt i Guds bilde. Hva er den energien vi har i legemet? Vår fysiske form er laget av molekyler, molekyler er laget av atomer, atomer av elektroner og elektroner av livskraft eller "livtroner" - milliarder av energipartikler. Med det åndelige øyet kan du se legemet som en masse av flimrende partikler av lys – energien som utstråles fra våre tjuesju tusen milliarder celler. Bare gjennom illusjon ser du legemet som fast kjøtt. I virkeligheten er det ikke stoff, men energi.

Fordi du tror du er laget av kjøtt og blod, forestiller du deg av og til å være svak. Men dersom du oppfatter Guds bevissthet i ditt legeme,

Av Jagannath *(Kalyana-Kalpataru)*

DEN GUDDOMMELIGE MOR

Gud i aspektet som Den Guddommelige Mor er representert i Hindu kunst som en fire-armet kvinne.

Én hånd er løftet, for å antyde universell velsignelse. I de andre tre hendene holder hun en bønnekrans som representerer hengivenhet, noen sider av skriften som symboliserer læring og visdom, og en krukke med hellig vann som symboliserer renselse.

vil du erkjenne at kjøtt ikke er noe annet enn en fysisk manifestasjon av de fem vibrerende elementene av jord, vann, ild, luft og eter.

Menneskets legeme består av fem universelle elementer

Hele universet, som er Guds legeme, er laget av de samme fem elementene som menneskets legeme er sammensatt av. Det stjerneformede menneskelige legemet representerer strålene av disse fem elementer. Hodet, to hender og to føtter former de fem spissene av stjernen. Også på denne måten er vi skapt i Guds bilde.

De fem fingrene representerer også de fem elementene i den Kosmiske Intelligente Vibrasjon som opprettholder skapelsens struktur. Tommelen representerer jord, det groveste vibratoriske element, derav dens tykkelse. Pekefingeren representerer vann- elementet. Langfingeren representerer det spisse ild-elementet, derfor er den lengst. Ringfingeren representerer luft. Lillefingeren representerer eter, det fineste elementet.

Å massere hver enkelt finger aktiverer den spesielle kraften som den representerer. Følgelig vil det å massere langfingeren, som representerer ild-elementet, og navlen, som er på motsatt side av korsryggsenteret eller "ildsenteret" i ryggraden - det som styrer fordøyelse og forbrenning - hjelpe mot fordøyelsesproblemer.

Gud manifesterer bevegelse i skapelsen. Mennesket har utviklet bein og føtter på grunn av behovet for å utrykke bevegelse. Tærne er materialisasjoner av de fem stråler av energi.

Øynene symboliserer Gud Faderen, Sønnen

og den Hellige Ånd i pupillen, iris og det hvite. Når du konsentrerer deg om punktet mellom øyenbrynene, vil strømmen i øynene bli reflektert som ett lys, og du vil se det åndelige øyet. Dette ene punktet er "Guds øye." Vi har utviklet to øyne på grunn av loven om relativitet, som er fremherskende i vårt dualistiske univers. Jesus sa: "Hvis derfor ditt øye er helt (ett), vil hele ditt legeme være lyst."[6] Hvis vi ser gjennom det åndelige øyet, Guds ene øye, vil vi se at hele skapelsen er gjort av én substans – Hans lys.

Ett med Gud – ett med Guds Kraft

I sitt høyeste aspekt er mennesket allmektig. Du kan forandre hva du enn måtte ønske, når

[6] Matteus 6:22

din bevissthet er forenet med Gud. Bilens deler kan bli erstattet eller endret om nødvendig, men å gjøre tilsvarende forandringer i det fysiske legemet er mer komplisert. Sinnet, som kontrollerer alle legemets celler, er den fundamentale faktoren. Når et menneske oppnår full kontroll over sinnet, kan legemets celler og deler bli erstattet eller endret så ofte en ønsker. For eksempel kan en, bare ved en tanke, få legemets atomer til å endres og frambringe et helt nytt sett tenner. Når en har avansert åndelig, har en fullstendig kontroll over materien.

Herren er Ånd, den Upersonlige er usynlig. Men da Han skapte den fysiske verden, ble Han Gud Faderen. Da Han antok rollen som Skaper, ble Han personlig. Han ble synlig – hele universet er Guds legeme.

I jordens form har Han en positiv og en

negativ side, nord- og sydpolen. Stjernene er Hans øyne, gresset og trærne Hans hår, elvene Hans blodstrøm. Havets brus, lerkens sang, skriket til et nyfødt barn, alle skapelsens lyder er Hans stemme. Dette er den personlige Gud. Pulsslaget bak alle hjerter er Hans pulserende kosmiske energi. Han går i menneskehetens seks milliarder par føtter. Han arbeider gjennom alle hender. Det er den ene Guddommelige Bevissthet som manifesteres gjennom alle hjerner. På grunn av Guds lov om tiltrekning og frastøtning holdes legemets celler harmonisk sammen, på samme måte som stjernene holdes fast i sine baner. Den allestedsnærværende Herren er alltid virksom og det finnes ikke noe sted uten en eller annen form for liv. Med grenseløs gavmildhet projiserer Han uopphørlig utallige former for liv – uutømmelige manifestasjoner av Hans kosmiske energi.

Den Guddommelige Ånd hadde en spesifikk idé eller ett mønster i sinne da Han skapte. Først utvendig-gjorde Han hele universet, så skapte Han mennesket. Ved å forme for Seg Selv et fysisk legeme av planetsystemer, manifesterte Gud tre aspekter: kosmisk bevissthet, kosmisk energi og kosmisk masse eller stoff.

Disse tre samsvarer med henholdsvis menneskets ide- eller kausallegeme, astral- eller energilegeme, og fysiske legeme. Og sjelen eller Livet bak disse er Ånd.

Ånd manifesteres i makrokosmos som kosmisk bevissthet, kosmisk energi, og det fysiske univers – og i mikrokosmos som menneskets bevissthet, menneskets energi, og menneskets legeme. Igjen ser vi at mennesket virkelig er skapt i Guds bilde.

Gud "snakker" gjennom vibrasjon

Gud *er* synlig for oss i en fysisk form. Han er mer personlig enn du kan forestille deg. Han er like virkelig og konkret som du er. Dette er det jeg vil fortelle dere i dag. Herren svarer oss hele tiden. Vibrasjonen av Hans tanker blir uavlatelig sent ut. Til dette trengs energi – energien manifesteres som lyd. Det er et svært viktig poeng her. Gud er bevissthet, Gud er energi. Med å "snakke" menes å vibrere. I vibrasjonen av kosmisk energi snakker Gud hele tiden. Han har blitt skapelsens Mor, som materialiserer Seg som faste stoffer, væsker, ild, luft og eter.

Den usynlige Mor uttrykker Seg gjennom synlige former – i blomster, fjell, hav og stjerner. Hva er stoff? Ikke noe annet enn en spesiell frekvens av Guds vibrerende kosmiske energi. Ingen form i universet er virkelig fast. Det som ser ut slik er bare en kompakt eller grov vibrasjon av Hans energi. Herren snakker til oss gjennom vibrasjoner. Men spørsmålet er: Hvordan kan vi kommunisere direkte med Ham? Det er det vanskeligste av alt – å snakke *med* Gud.

Hvis du snakker til et fjell, svarer det ikke. Snakk med blomstene, slik Luther Burbank gjorde, og du vil kanskje hos dem føle en liten reaksjon. Og vi kan selvfølgelig snakke med andre mennesker. Men skulle Gud være mindre reagerende enn blomster og mennesker, og la oss fortsette å snakke uten å gi oss noe svar?

Det kan synes slik, gjør det ikke? Problemet ligger ikke hos Ham, men hos oss. Vårt intuitive telefoniske system er i ustand. Gud kaller på oss og snakker til oss, men vi hører Ham ikke.

Kosmisk vibrasjon "snakker" alle språk

Helgenene hører Ham. Når en bestemt helgen jeg kjente ba, syntes Guds svarende stemme å komme fra himmelen. Gud trenger ingen strupe for å kunne snakke. Hvis du ber sterkt nok, vil disse bønnevibrasjonene øyeblikkelig fremkalle et vibratorisk svar. Det manifesterer seg i ethvert språk du er vant til å høre. Hvis du ber på tysk, vil du høre svaret på tysk. Ber du på engelsk, vil du høre svaret på engelsk.

De forskjellige språkenes vibrasjoner har sin opprinnelse i den kosmiske vibrasjon. Gud, som er den kosmiske vibrasjon, kjenner alle språk. Hva er et språk? Det er en spesiell vibrasjon. Hva er vibrasjon? Det er en spesiell energi. Og hva er energi? Det er en spesiell tanke.

Skjønt Gud hører alle våre bønner, vil Han ikke alltid svare. Situasjonen vår er som for et lite barn som roper på sin mor, men moren synes ikke det er nødvendig å komme. Hun gir ham noen leker for at det skal være stille. Men når barnet nekter å la seg trøste av noe annet enn morens nærvær, vil hun komme. Vil du lære Gud å kjenne, må du være som den uskikkelige babyen som skriker helt til moren kommer.

Hvis du bestemmer deg for aldri å stoppe med å rope på Henne, vil den Guddommelige Mor snakke med deg. Uansett hvor opptatt

Hun er med skapelsens husarbeid – hvis du er utholdende i dine rop, vil Hun måtte snakke. Hinduskriftene forteller oss at hvis en tilbeder uopphørlig snakker til Gud med intens hengivenhet gjennom én natt og én dag, vil Han svare. Men hvor mange det er som er villig til å gjøre det? Hver dag har du "viktige gjøremål" – "djevelen" som holder deg borte fra Gud. Herren vil ikke komme dersom du bare ber en liten bønn og så begynner å tenke på noe annet, eller dersom du ber slik: "Himmelske Far, jeg ber til deg, men jeg er fryktelig trett. Amen." Paulus sier: "Be uavlatelig."[7]

Den tålmodige Job hadde lange samtaler med Gud. Job sa til Ham: "Hør, jeg påkaller Deg, og jeg vil snakke. Jeg vil kreve av Deg

[7] 1. Tessalonikerbrev 5:17

at Du hører meg. Jeg har hørt Deg med mine ører, men nå har mine øyne sett Deg."[8]

Når en elsker framsier sin kjærlighet mekanisk, vet hans elskede at hans ord ikke er oppriktige. Hun "hører" hva som skjuler seg i hans hjerte. På samme måte vet Gud om hans tilbedere er uten hengivenhet når de ber til ham, og om deres tanker vandrer uhemmet alle steder. Han svarer ikke på halvhjertede bønner. Men til de hengivne, som dag og natt ber til Ham og snakker med Ham med intensitet, vil Han komme. Slike tilbedere kommer Han til uten tvil.

[8] Job 42:4-5

Vær ikke tilfreds med noe mindre enn Det Høyeste

Kast ikke bort tiden med å søke småting. Naturligvis er det lettere å få andre gaver fra Gud enn den høyeste gaven av Ham Selv. Men vær ikke tilfreds med noe mindre enn det høyeste. Jeg har ikke vært opptatt av gavene som har kommet til meg fra Gud, men sett bak dem Han som er Giveren. Hvorfor er alle mine ønsker blitt oppfylt? Fordi jeg går dypt – jeg går rett til Gud. I ethvert av skapelsens aspekter ser jeg Ham. Han er vår Far, Han er den næreste av de nære, mer kjær enn det kjæreste, mer virkelig enn noe som helst annet. Han er både ufattelig og fattbar.

Gud roper på deg. Han vil at du skal vende tilbake til ham. Det er din arverett. Du vil måtte forlate denne verden en dag – den er ikke noe blivende sted for deg. Jordelivet er kun en skole som Han har satt oss i for å se hvordan vi oppfører oss her, det er alt. Før Han åpenbarer Seg for oss, vil Gud se om vi ønsker jordens glitter og stas, eller om vi har tilegnet oss nok visdom til å si: "Jeg er ferdig med alt dette, Herre. Jeg ønsker å snakke med Deg alene. Jeg vet at Du er alt jeg virkelig eier. Du vil være hos meg når alle andre er borte."

Mennesker søker lykken i giftemål, i penger, i vin og så videre. Men slike mennesker er skjebnens marionetter. Har en først erkjent denne realiteten, finner en det sanne målet med livet, og det blir naturlig å begynne og søke Gud.

Vi må kreve vår tapte guddommelige arv. Jo mere uselvisk en er, desto mer prøver en å gjøre andre lykkelige og tenke mer på Gud.

Og jo mer en tenker på verdslige mål og menneskelige ønsker, desto fjernere blir sjelens lykke for en. Vi ble ikke plassert her på jorden for å kave i sansenes søle og bli trukket ned av lidelser rundt hver sving. Det som er av verden er illusorisk, fordi det fortrenger sjelens lykke. Den største lykke kommer ved å la sinnet bli oppfylt av tanker om Gud.

Hvorfor utsette lykke?

Hvorfor ikke tenke framover? Hvorfor anser du uvesentligheter for å være så viktige? Folk flest er fokuserte på frokost, lunsj, middag, arbeid, sosiale aktiviteter og så videre. Gjør livet enklere og la sinnet ditt bli fylt av Herren. Jorden er et sted vi skal forberede oss på for å komme tilbake til Gud. Han vil se om vi elsker Ham mer enn Hans gaver. Han er vår alles Far og vi er alle Hans barn. Han har rett på vår kjærlighet og vi har rett på Hans kjærlighet. Våre problemer oppstår fordi vi overser Ham. Men Han venter alltid.

Jeg skulle bare ønske at Han hadde utstyrt oss alle med litt mer for fornuft! Vi har friheten til å forkaste Gud eller å godta Ham. Og vi går her og tigger – tigger for litt penger, litt lykke, litt kjærlighet. Hvorfor spørre om ting som må bli tatt bort fra deg en dag? Hvor lenge skal du jamre over penger, sykdommer og vanskeligheter? Grip udødeligheten og Guds rike! Det er det du virkelig ønsker.

Et Guddommelig Rike står på spill

*H*elgenene vektlegger uavhengighet, slik

at ett sterkt materielt bånd ikke skal forhindre oss fra å oppnå Guds rike. Avholdenhet betyr ikke å gi avkall på alle ting, det betyr å oppgi små fornøyelser for å oppnå evig lykke. Gud snakker med deg når du arbeider for Ham, du skulle snakke til Ham uavlatelig. Fortell Ham enhver tanke som kommer til deg, og si til Ham: "Herre, åpenbar Deg, åpenbar Deg!" Godta ikke stillhet for noe svar. Han vil først svare ved å gi deg noe du har ønsket, for å vise deg at Han er oppmerksom på deg. Men ikke vær tilfreds med Hans gaver. La Ham vite at du aldri vil være tilfreds før du har Ham. Til slutt vil Han gi Deg et svar. I et syn vil du kanskje se ansiktet til en helgenaktig skikkelse, eller du vil høre en Guddommelig Stemme snakke til deg. Da vil du vite at du er i forbindelse med Gud.

For å overtale Gud til å gi Seg Selv, trengs det en fast og ufravikelig beslutning. Ingen kan lære deg den beslutningen, du må utvikle den selv. "Du kan bringe en hest til vannkaret, men du kan ikke tvinge den til å drikke." Men når hesten er tørst, søker den besluttsomt vann selv. Så, når du tørster umåtelig etter det Guddommelige, når du ikke vil vie noe annet oppmerksomhet – verdens prøvelser eller legemets prøvelser – da vil Han komme. Husk, når ditt hjerterop er intenst, når du ikke godtar noen unnskyldninger, da vil han komme.

Du må fri ditt sinn for all tvil om at Gud vil svare. De fleste mennesker får ikke noe svar på grunn av deres mangel på tro. Er du først fast bestemt på at du vil oppnå noe, kan ingenting stoppe deg. Det er først når du gir opp at du skriver dommen over deg selv. Suksess-mennesket kjenner ikke ordet "umulig."

Tro er Guds grenseløse kraft inne i deg. Gud vet gjennom Sin bevissthet at Han skapte alt, så tro betyr kunnskap og overbevisning om at vi er skapt i Guds bilde. Når vi er i fullstendig samklang med Guds bevissthet i oss, kan vi skape verdener. Husk at i din vilje ligger Guds allmektige kraft. Når en horde av vanskeligheter kommer, og du nekter å gi opp på tross av dem, når sinnet ditt blir "stålsatt," da vil du finne at Gud svarer deg.

Gud er kosmisk vibrasjon, Han er Ordet. Gud som Ordet summer gjennom alle atomer. En musikk som dypt mediterende Gudsøkende kan høre, kommer ut av universet. Nå, i dette øyeblikk hører jeg denne stemmen. Den kosmiske lyden[9] som du hører i meditasjon er Guds stemme. Den lyden kan forme seg til et forståelig språk for deg. Når jeg lytter til *Aum* og av og til spør Gud om å fortelle meg noe, forandrer lyden av *Aum* seg til engelsk eller bengali og gir meg presise instruksjoner.

Gud snakker også til oss gjennom vår intuisjon. Hvis du lærer å lytte[10] til den kosmiske vibrasjonen, er det lettere å høre Hans stemme.

Men selv om du bare ber til Gud gjennom den kosmiske eteren, vil *den* svare med Hans stemme hvis viljen din er sterk nok. Han taler alltid til deg og sier: "Kall på Meg, snakk til Meg fra ditt hjertes dyp, fra det innerste av ditt vesen, fra dypet av din sjel, utholdende,

---

[9] *Aum (Om)*, den bevisste, intelligente kosmiske vibrasjonen eller den Hellige Ånd.

[10] Ved hjelp av en gammel teknikk som læres i Self-Realization Fellowships Leksjoner.

majestetisk, med besluttsomhet, med en fast overbevisning i ditt hjerte om at du vil fortsette å søke Meg, uansett hvor mange ganger Jeg ikke svarer. Hvis du uopphørlig hvisker i ditt hjerte til Meg: 'O min tause Elskede, snakk til meg,' vil Jeg komme til deg, Min hengivne."

Hvis du bare én gang kan få det svaret, vil du aldri mer føle deg atskilt fra Ham. Den guddommelige erfaringen vil alltid være hos deg. Men denne "én gang" er vanskelig, fordi hjerte og sinn ikke er overbevist, og fordi tvilen kryper inn på grunn av våre tidligere materielle overbevisninger.

Gud svarer hjertets hvisken fra sanne tilbedere

Gud vil svare ethvert menneske, uansett

rase, kaste eller hudfarge. Et bengalsk ordtak sier at dersom du gir et sjelerop til Gud som den Guddommelige Mor, kan Hun ikke forbli taus. Hun må tale. Er ikke det vakkert?

Tenk over alt det som kom til meg i dag, og som jeg har fortalt dere. Dere burde aldri mer betvile at Gud vil svare dere, dersom dere er faste og utholdende i deres henvendelser. "Og Herren talte til Moses ansikt til ansikt, slik en mann snakker til sin venn."[11]

---

[11] 1.Mosebok 33:11

OM FORFATTEREN

"Idealet om kjærlighet til Gud og tjeneste for menneskeheten ble fullt uttrykt i Paramahansa Yoganandas liv.... Skjønt største delen av hans liv ble tilbrakt utenfor India, inntar han likevel plass som en av våre største helgener. Hans arbeide fortsetter å vokse og lyser stadig sterkere, det trekker folk fra hele verden til Åndens pilgrimsvei."

-Utdrag fra en hyllest fra Indias regjering i forbindelse med utgivelsen av et minnefrimerke til ære for Paramahansa Yogananda på 25 års dagen for hans bortgang.

Paramahansa Yogananda var født i India 5. januar 1893. Han viet sitt liv til å hjelpe mennesker av alle raser og trosretninger til å erkjenne og uttrykke bedre skjønnheten, edelheten og den sanne guddommeligheten i menneskets ånd.

Etter sin eksamen ved Universitetet i Calcutta i 1915, tok Sri Yogananda det formelle løftet som munk i Indias ærverdige monastiske Swami-orden.

To år senere begynte han sitt livs arbeid med opprettelsen av en "hvordan-leve" skole, som siden har vokst til 21 utdanningsinstitusjoner over hele India, der tradisjonelle akademiske fag blir tilbudt sammen med yoga-trening og opplæring i åndelige idealer.

I 1920 ble han invitert til å delta som Indias delegat til en Internasjonal Kongress for Religiøse Liberale i Boston, USA. Hans tale til Kongressen og påfølgende forelesninger på Østkysten ble mottatt med entusiasme, og i 1924 la han ut på en forelesningstur over hele kontinentet.

I de neste tre tiårene bidro han på vidtrekkende måter til en større oppmerksomhet om og anerkjennelse av Østens åndelige visdom i Vesten. Han grunnla i Los Angeles et internasjonalt hovedkvarter for Self-Realization Fellowship[1], en ikke-sekterisk religiøs organisasjon han hadde opprettet i 1920. Gjennom hans forfatterskap, hans vidtrekkende

---

[1] Bokstavelig: "Fellesskapet for Selverkjennelse". Paramahansa Yogananda har forklart at navnet Self-Realization Fellowship betyr "Fellesskap med Gud gjennom Selverkjennelse, og vennskap med alle sannhetssøkende sjeler". Se også: "Mål og Idealer for Self-Realization Fellowship".

foredragsturneer og gjennom opprettelsen av en rekke Self-Realization Fellowship templer og meditasjonssentre, introduserte han for tusener av sannhetssøkere den gamle Yoga-vitenskap og filosofi og dens universelt anvendbare meditasjonsmetoder.

I dag blir det åndelige og det humanitære arbeid som ble påbegynt av Paramahansa Yogananda videreført under ledelse av Sri Mrinalini Mata, en av hans nærmeste disipler og nåværende president for Self-Realization Fellowship og Yogoda Satsanga Society i India. Foruten å publisere hans skrifter, foredrag og uformelle taler (inkludert en lettfattelig serie leksjoner for hjemme-studium), administrerer organisasjonen også templer, retreater og sentere rundt om i verden. Den styrer også monastiske samfunn i Self-Realization Order og en Worldwide Prayer Circle.

I en artikkel om Sri Yoganandas liv og arbeid, skrev Dr. Quincy Howe Jr., professor, Ancient Languages ved Scripps College: "Paramahansa Yogananda brakte til Vesten ikke bare Indias evige løfte om Gudserkjennelse, men også en praktisk metode som åndelige aspiranter på alle livets veier kan gjøre framgang ved og nå hurtig fram mot dette målet. Tidligere kun verdsatt i Vesten på de høyeste og mest abstrakte nivåer, har Indias åndelige arv nå blitt gjort tilgjengelig som øvelse og erfaring for alle som søker å kjenne Gud, ikke i det hinsidige, men her og nå…. Yogananda har gjort de mest opphøyede metoder for kontemplasjon tilgjengelig for alle."

MÅL OG IDEALER
FOR
SELF-REALIZATION FELLOWSHIP

Fastsatt av Paramahansa Yogananda, grunnlegger
Sri Mrinalini Mata, president.

Å utbre blant nasjonene kunnskap om vitenskapelige teknikker for å oppnå direkte og personlig erfaring av Gud.

Å lære at livets formål er utvikling, gjennom egne anstrengelser, av menneskets begrensede dødelige bevissthet mot Gudsbevissthet, og for dette formål å opprette Self-Realization Fellowship templer for Gudskommunikasjon over hele verden, videre å oppmuntre opprettelsen av individuelle templer i hjemmene og i menneskenes hjerter.

Å åpenbare den fullstendige harmoni og grunnleggende enhet som eksisterer mellom opprinnelig Kristendom lært av Jesus Kristus og opprinnelig Yoga lært av Bhagavan Krishna, og å vise at disse sanne prinsipper er det felles vitenskapelige grunnlag for alle sanne religioner.

Å påpeke den eneste guddommelige vei alle sanne religioner til slutt fører til: Veien gjennom daglig, vitenskapelig og hengiven meditasjon på Gud.

Å frigjøre mennesket fra dets trefoldige lidelse: Fysisk sykdom, mental ubalanse og åndelig uvitenhet.

Å oppmuntre til "enkel livsstil og høy tenkning" og å spre en ånd av brorskap mellom alle folk ved å lære det evige grunnlag for enhet: Slektskapet med Gud.

Å demonstrere sinnets overlegenhet over kroppen, og sjelens over sinnet.

Å bekjempe ondt med godt, sorg med glede, grusomhet med vennlighet og uvitenhet med visdom.

Å forene vitenskap og religion gjennom å erkjenne enheten av deres underliggende prinsipper.

Å fremme kulturell og åndelig forståelse mellom Øst og Vest, og å utveksle begges beste kvaliteter.

Å tjene menneskeheten som sitt høyere Selv.

BØKER PÅ NORSK AV PARAMAHANSA YOGANANDA

En Yogis Selvbiografi

Loven om Suksess

Religionens Vitenskap

Hvordan du kan snakke med Gud

Den Hellige Vitenskap

Dagbok For Sjelen

Visdomsord av Paramahansa Yogananda

BØKER PÅ ENGELSK AV PARAMAHANSA YOGANANDA

Tilgjengelig i bokhandler eller direkte fra utgiver:

Self-Realization Fellowship
3880 San Rafael Avenue • Los Angeles, California
90065-3219
Tel (323) 225-2471 • Fax (323) 225-5088

www.yogananda-srf.org

Autobiography of a Yogi

The Second Coming of Christ:
The Resurrection of the Christ Within You
En åpenbarende kommentar til Jesu opprinnelige lære.

God Talks with Arjuna: The Bhagavad Gita
En ny oversettelse med kommentarer.

Man's Eternal Quest
Volum I av Paramahansa Yoganandas foredrag og uformelle taler.

The Divine Romance
Volum II av Paramahansa Yoganandas foredrag, uformelle taler og essay.

Journey to Self-Realization
Volum III of Paramahansa Yoganandas foredrag og uformelle taler.

Wine of the Mystic:
*The Rubaiyat of Omar Khayyam —
A Spiritual Interpretation*
En inspirerende kommentar som kaster lys over den mystiske vitenskapen om forening med Gud, skjult bak Rubayats vanskelig tilgjengelige billedbruk.

Where There Is Light:
Insight and Inspiration for Meeting Life's Challenges

Whispers from Eternity
En samling av Paramahansa Yoganandas bønner og guddommelige erfaringer i opphøyde tilstander av meditasjon.

The Science of Religion

The Yoga of the Bhagavad Gita:
*An Introduction to India's Universal Science
of God-Realization*

The Yoga of Jesus:
Understanding the Hidden Teachings of the Gospels

In the Sanctuary of the Soul:
A Guide to Effective Prayer

Inner Peace:
How to Be Calmly Active and Actively Calm

To Be Victorious in Life

Why God Permits Evil and How to Rise Above It

Living Fearlessly:
Bringing Out Your Inner Soul Strength

How You Can Talk With God

Metaphysical Meditations
Mer enn 300 åndelig oppløftende meditasjoner,
bønner og affirmasjoner.

Scientific Healing Affirmations
Paramahansa Yogananda presenterer her en dypsindig forklaring på vitenskapen om affirmasjoner.

Sayings of Paramahansa Yogananda
En samling utsagn og kloke råd som formidler Paramahansa Yoganandas åpenhjertige og kjærlige svar til de som kom til ham for ledelse.

Songs of the Soul
Mystiske dikt av Paramahansa Yogananda.

The Law of Success
Forklarer dynamiske prinsipper for å oppnå livets mål.

Cosmic Chants
Tekster (engelske) og musikk til 60 sanger om hengivenhet, med innledning og forklaringer om hvordan åndelig sang kan lede en til å kommunisere med Gud.

LYDOPPTAK AV PARAMAHANSA YOGANANDA

Beholding the One in All

The Great Light of God

Songs of My Heart

To Make Heaven on Earth

Removing All Sorrow and Suffering

Follow the Path of Christ, Krishna, and the Masters

Awake in the Cosmic Dream

Be a Smile Millionaire

One Life Versus Reincarnation

In the Glory of the Spirit

Self-Realization: The Inner and the Outer Path

Andre utgivelser fra SELF-REALIZATION FELLOWSHIP

En fullstendig katalog som beskriver alle Self-Realization Fellowships publikasjoner og audio/video opptak tilsendes på forespørsel.

The Holy Science
av Swami Sri Yukteswar

Only Love:
Living the Spiritual Life in a Changing World
av Sri Daya Mata

Finding the Joy Within You:
Personal Counsel for God-Centered Living
av Sri Daya Mata

God Alone:
The Life and Letters of a Saint
av Sri Gyanamata

"Mejda":
The Family and the Early Life of Paramahansa Yogananda
av Sananda Lal Ghosh

Self-Realization
(Et kvartalsvis tidsskrift grunnlagt av Paramahansa Yogananda i 1925)

SELF-REALIZATION FELLOWSHIP LEKSJONER

De vitenskapelige meditasjonsteknikkene lært av Paramahansa Yogananda, inkludert Kriya Yoga – såvel som hans ledelse i alle aspekter av et balansert åndelig liv – er presentert i Self-Realization Fellowship Lessons. For nærmere informasjon, be om å få tilsendt gratisheftet: *"Undreamed-of Possibilities"*. Tilgjengelig på engelsk, spansk og tysk.

www.ingramcontent.com/pod-product-compliance
Lightning Source LLC
Chambersburg PA
CBHW031428040426
42444CB00006B/736